1910

GALERIE CH. BRUNNER

11, RUE ROYALE, 11

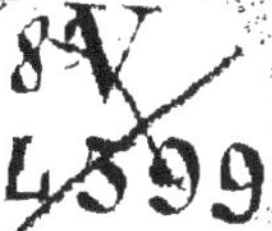

EXPOSITION DES ŒUVRES

DU PEINTRE

Eugène Thirion

(1839-1910)

Tableaux, Esquisses, Etudes, Dessins

Ouverte du 1er au 15 Mars 1910

(DIMANCHES EXCEPTÉS)

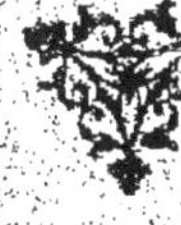

8° V 4599

PARIS
IMPRIMERIE GEORGES PETIT
12, RUE GODOT-DE-MAUROI, 12

1910

(1910)

GALERIE CH. BRUNNER

11, RUE ROYALE, 11

EXPOSITION DES ŒUVRES

DU PEINTRE

Eugène Thirion

(1839, † 1910)

Tableaux, Esquisses, Etudes, Dessins

Ouverte du 1er au 15 Mars 1910

(DIMANCHES EXCEPTÉS)

PARIS

IMPRIMERIE GEORGES PETIT

12, RUE GODOT-DE-MAUROI, 12

1910

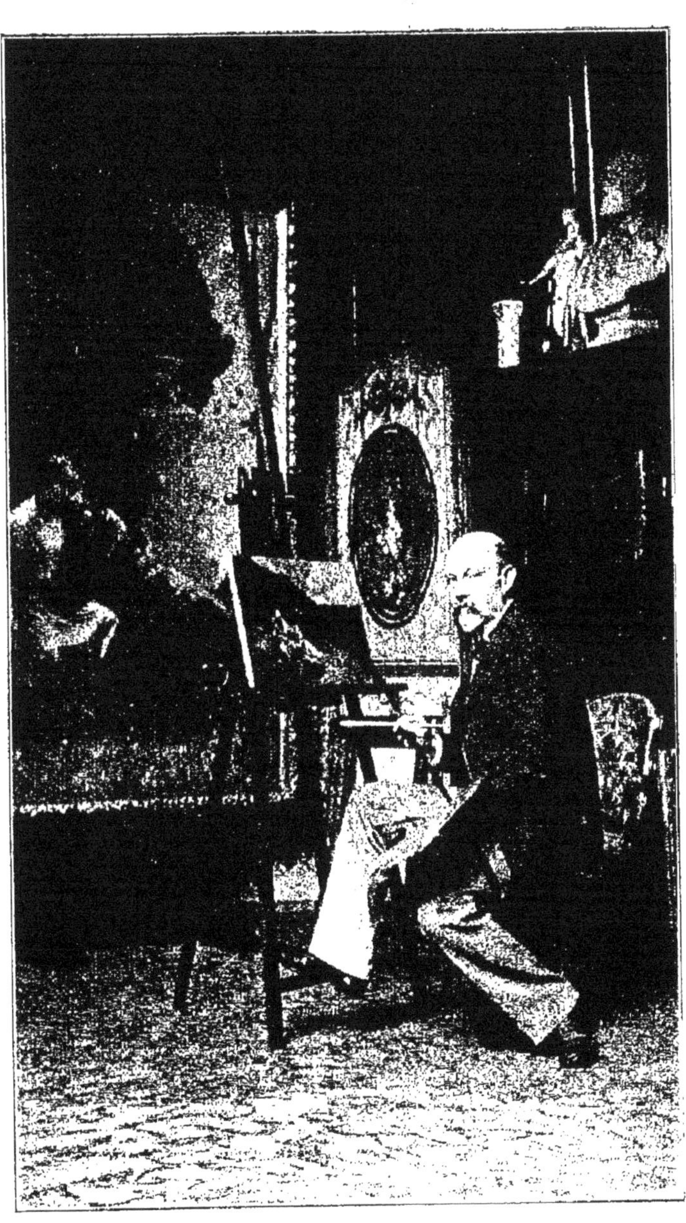

EUGÈNE THIRION.

EUGÈNE THIRION

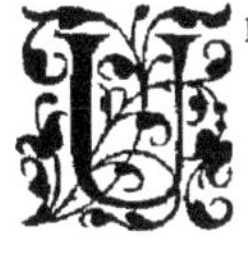

NE exposition de l'œuvre du peintre Eugène Thirion s'imposait, et des mains pieuses l'ont organisée avec tout le respect dû à ce très bel artiste, qui fut également un très beau caractère.

Cette exposition s'imposait, parce que, de son vivant, Eugène Thirion eut la modestie de se tenir trop à l'écart; et parce que, lui disparu si brusquement, il importe que le public connaisse quelques coins du domaine d'art où il sema tant de bon grain; il importe également que l'oubli ne se fasse pas sur sa carrière, qui fut tout entière consacrée à la poursuite, et, je puis le dire, à la conquête réalisée d'un très noble idéal.

Peut-être eût-il convenu qu'une voix plus autorisée que la mienne se fît entendre à cette place. Mais, depuis 1879, c'est-à-dire depuis plus de trente ans, j'étais en commerce d'amitié avec Thirion; il m'avait exposé, au cours de nombreux entretiens, les lois génératrices de son esthétique; j'en avais contrôlé la haute probité dans les œuvres que le peintre avait envoyées aux Salons; enfin, j'avais assisté au laborieux effort d'art à l'aide duquel Eugène Thirion s'était ressaisi et avait su faire renaître autour de lui l'espoir muet des impossibles consolations, alors que, par deux fois, son cœur de père avait été effroyablement meurtri; et c'est à cet ensemble de considérations que je dois sans doute l'honneur de saluer ici sa mémoire, devant les tableaux et les études qui racontent, avec une tendresse si majestueuse, les épanchements et les confidences de son âme d'artiste.

* * *

Eugène Thirion ne fut ni un classique entêté, ni un de ces bateleurs qui, par des audaces irréfléchies, arrivent à faire excuser des gens qui savent, et admirer des snobs, qui ne savent pas, leurs pires folies. Entraîné vers l'art par une irrésistible vocation qui, avec l'appui encourageant des frères Bénouville, sut triompher des hésitations paternelles, Thirion, entré dans l'atelier Picot en 1857, remporta rapidement des succès d'école, concourut pour le prix de Rome, mais n'obtint pas la première récompense, parce qu'il y avait chez lui des accents trop modernes, où ses juges voyaient des menaces contre une tradition voulue aveuglément disciplinée. Il s'en fut cependant, en compagnie de son père, faire en 1861 un voyage en Italie; il était suffisamment préparé par son éducation première à recueillir de tous les chefs-d'œuvre qu'il y rencontra, une ineffaçable impression : il en eut, en même temps que la sensation plastique, la compréhension morale : il entrevoyait déjà que le but auquel l'artiste doit tendre n'est pas spécialement une production qui se situe dans une époque, mais, au contraire, une production qui doit participer d'une beauté universelle et y ajouter.

Il avait donc senti s'éveiller en son âme l'enthousiasme capable des pures inspirations, cet enthousiasme qui le trouva toujours vibrant, même aux heures les plus douloureuses de sa carrière, et l'obligea d'imprégner son œuvre d'un grand caractère de pensée.

Il aimait trop la vie et comprenait trop la nécessité en art d'exprimer de la vie, pour se laisser aller aux caprices impénétrables d'un symbolisme flottant; mais on peut affirmer cependant que dans les figures mâles ou les figures de grâce que son pinceau évoque sur la toile, figures de foi ou figures de mélancolie, il s'applique, en un langage essentiel de peintre, à traduire des symboles, et les symboles les plus nobles qui soient : l'amour du foyer, l'amour de la patrie, l'amour du devoir.

Que l'on prenne une à une toutes les pages maîtresses dont il a marqué les étapes de sa vie, on y trouvera une étonnante unité de santé morale, de signification psychique et d'inspiration. Son idéal est immuable et immarcescible. La seule chose qui change chez lui, c'est son exécution, parce qu'il ne reste pas indifférent au souffle de l'évolution et parce qu'il veut de plus en plus s'élever vers le mieux, ce mieux auquel il sait qu'il atteindra par parcelles successives, pour la meilleure magnification de son idée pure.

Je ne puis, à cette place, étudier séparément toutes les œuvres qui constituent son œuvre; il y faudrait un volume. J'ai toutefois relevé la liste à peu près complète de ses salons, pour remettre dans le souvenir de ceux qui l'ont connu, des toiles qui, à leur apparition, firent sensation.

Depuis l'*Homère aveugle* du Salon de 1861, tableau que Thirion avait porté en son cerveau dès le retour de son voyage en Italie, jusqu'à *l'Enlève-*

ment de Déjanire de 1905, c'est une succession ininterrompue de belles images de couleurs, servant de verbe à de belles pensées. Je me rappelle avec précision cette œuvre de 1905, parce que j'aurais vivement souhaité que l'État l'acquît pour le musée du Luxembourg. On en connaît le sujet, selon le poète latin : le centaure Nessus s'est offert à Hercule, pour faire franchir à Déjanire, fille d'Ænée, le fleuve Evêne dont les eaux débordent. Hercule a accepté et traverse lui-même le fleuve ; mais comme il allait atteindre l'autre rive, il se retourne et voit le centaure qui ne songe plus à son office de passeur, et prétend enlever tout simplement Déjanire, dont la beauté l'a conquis. Hercule aussitôt lui décoche une flèche teinte du sang de l'hydre de Lerne, qui blesse mortellement le ravisseur.

Avec un sujet si difficile à renouveler, il fallait un talent infiniment sûr de soi, pour se hausser hors de la banalité, sans rouler dans la bizarrerie. Thirion prouva amplement qu'il était ce talent-là. Lui, que l'on n'avait vu adhérer à aucune coterie, lui qui était si bienveillant à ceux qui lui venaient demander conseil, il était sévère pour lui et ne se décidait à montrer une œuvre que lorsqu'il pensait y avoir mis tout ce que son tempérament lui permettait d'y mettre.

Il y a de lui nombre de toiles où, comme dans *l'Enlèvement de Déjanire*, il sut accommoder à une peinture indépendante et moderne, la haute distinction de son concept.

Très pénétré de la nécessité d'employer l'art aux grandes idées de foyer, de patrie et d'amour, il avait demandé des figures d'humanité généralisée à l'humanité, dont son esprit lettré s'était nourri, et il a créé cet œuvre abondant, où il se manifeste peintre, essentiellement et superbement peintre, sans consentir cependant, ce qui ne lui parut pas indispensable, à ce que sa mentalité de peintre fût une mentalité inférieure.

* * *

C'est même parce qu'il avait un cerveau de penseur, en même temps qu'une science complète de son art, qu'il avait si parfaitement réussi auprès des élèves de l'École des Beaux-Arts, lorsque, pendant deux ans, il suppléa Gustave Moreau, tenu éloigné de sa chaire par le mal qui devait l'emporter. Lorsque Gustave Moreau fut décédé, nous pensions que Thirion, qui avait rempli la suppléance avec succès, recueillerait sa succession à l'École. Il n'en fut rien, et je passerais sous silence ce geste administratif dénué de gratitude, si je ne me souvenais combien Thirion eut de regret de quitter cet atelier où tout le monde l'aimait et le respectait.

* * *

Dans l'exposition de son œuvre, on a fait une place méritée aux portraits du peintre. Quand il avait à interpréter un visage, Thirion ne se bornait pas à une exactitude de lignes ; il voulait, à l'exemple de Ricard, que le portrait fût le miroir moral de la personne représentée; il entrait, suivant le conseil de Sully-Prudhomme, en sympathie avec son modèle, et il savait faire transparaître l'âme à travers le masque qu'il présentait.

IMPRIMÉS

* * *

Il faut me borner : je regarde ces tableaux, je regarde ces études de paysage, qui indiquent un peintre éperdument épris de nature ; je regarde ces esquisses, si étonnantes d'arrangement, si justes dans la notation spontanée des rapports de ton ; je regarde tout cet effort inlassable d'un artiste qui eut à la fois les qualités de dessin, de composition et de couleur, et je demeure confondu que les pouvoirs publics se soient montrés si peu pressés à reconnaître officiellement de quel grand talent tout cela témoigne ; je demeure confondu que ses pairs même aient attendu qu'Eugène Thirion fût décédé, pour dire hautement qu'il fut un de ceux dont l'École française de notre siècle a le devoir d'être fière.

Parce que Eugène Thirion croyait de sa dignité d'artiste de ne rien demander, d'autres conclurent qu'il ne voulait sans doute rien accepter ; et, dans la ruée des gens, souvent médiocres, pour les récompenses, les rubans, les grandes médailles, comme Thirion ne clamait pas lui-même sa propre louange, des gens s'appliquèrent, non pas à le faire oublier, mais à ce qu'il ne fût pas préféré, — ce qui revient au même, avec une nuance : on semble alors inscrire au compte d'une mauvaise chance ce qui, en réalité, ne fut qu'un véritable déni de justice.

A quoi bon récriminer ! Thirion ne l'a pas voulu faire ; j'obéirai donc à son désir maintes fois formulé ; pourtant si j'en appelle à l'opinion de tous, c'est que, devant son œuvre, son œuvre qu'on ne reverra plus réuni, mes trente années d'amitié se révoltent contre de si coupables indifférences, qui ne furent pas des indifférences désintéressées.

Aujourd'hui, je ne veux plus me souvenir que de cette parole entendue à l'exposition de Londres, en 1909, où Thirion avait envoyé sa belle œuvre de 1869, appartenant au musée de Caen :

« Eugène Thirion ! mais c'est un maître ! »

Un maître, en effet, dont il convient d'entourer le souvenir d'une admiration fervente.

L. ROGER-MILÈS

17 Février 1910.

PRINCIPALES ŒUVRES

EXPOSÉES AU SALON

OU CONSERVÉES DANS DES MUSÉES ET LES ÉDIFICES PUBLICS

Salon de 1861 : *Homère aveugle, réduit à chanter ses poèmes dans les rues d'Athènes.*

Portrait de M. A.

Salon de 1863 : *Mort de sainte Marie Égyptienne* (Musée de Lisieux).

Portrait du père de l'artiste.

Portrait de Mme T.

Salon de 1864 : *Saint Sylvain, martyr* (Musée de Tours).

Salon de 1865 : *Le Lévite d'Ephraïm maudissant la ville de Gabaa* (Musée de Perpignan).

Portrait de M. J. M.

Salon de 1866 : *Saint Vincent, martyr* (Musée de Bordeaux).

Salon de 1867 : *Persée vainqueur de Méduse.*

Salon de 1868 : *Saint Paul premier ermite et saint Antoine* (Musée de Bourges). Tableau exposé à l'Exposition Universelle de 1878.

*Portrait de Mme ***.*

Salon de 1869 : *Saint Séverin distribuant les aumônes* (Musée de Caen). Tableau exposé à l'Exposition Universelle de 1878.

Portrait de Mme C. B.

Salon de 1870 : *Portrait de Mme T.* Réexposé en 1878.

Salon de 1872 : *Portrait de Mlle P. B.* Réexposé en 1878.

Épisode de l'éruption du Vésuve.

Nommé chevalier de la Légion d'honneur.

Salon de 1873 : *Portrait du jeune A.*

Judith victorieuse rentre à Béthulie (Musée de Tours). Réexposé en 1878.

Salon de 1874 : *Rébecca à la fontaine* (Musée de Carcassonne).
Portrait de Mme M. G.
Fleurs des champs.

Salon de 1875 : *Sainte Thérèse.*
Saint Sébastien martyr (Ministère des Beaux-Arts). Réexposé en 1878.

Salon de 1876 : *Jeanne d'Arc.*
Portrait de Mme D. Réexposé en 1878.

Salon de 1877 : *Portrait de Mme de C.*
Portrait de Mme M. L. G.

Salon de 1878 : *Portrait de Mlle Marguerite D.*
Portrait de M. J. Th.
Décoration pour l'Opéra : les mois d'Août et de Juillet.

Salon de 1879 : *Portrait de Mme H.*
Portrait des enfants du vicomte de B.
Décoration pour le Ministère de la Guerre.

Salon de 1880 : *La Muse Euterpe.*
Plafond pour la mairie de Bercy.

Salon de 1881 : *Orientale.*

Salon de 1882 : *Portrait de Mme L.*
Le Poète et la Source.

Salon de 1883 : *L'Épave du Vengeur* (Musée d'Arras).

Salon de 1885 : *Moïse exposé sur le Nil* (Musée du Luxembourg).

Salon de 1887 : *Les Nuits de Musset.*

Salon de 1888 : *Origine de l'institution des établissements hospitaliers de Berck.* (Appartient à l'Assistance publique.)

Salon de 1889 : *L'Amour et Psyché.*

Salon de 1890 : *Portrait du cardinal Place, archevêque de Rennes.*

Salon de 1891 : *L'Histoire*, panneau décoratif pour le salon des Lettres de l'Hôtel de Ville de Paris.

Salon de 1892 : *Les Barques ne rentrent pas !*

Salon de 1893 : *La République* (collection Félix Faure).

Salon de 1897 : *Judith.*

Salon de 1899 : *Œdipe et Antigone.*

Salon de 1903 : *Le Sommeil de l'Enfant Jésus.*

Salon de 1904 : *Dante et Virgile aux Enfers.*

Salon de 1905 : *L'Enlèvement de Déjanire.*

Salon de 1906 : *Le Lac. Idylle.*

Salon de 1907 : *Le Départ des conscrits.*

Salon de 1909 : *Conseil municipal de village.*

AUTRES ŒUVRES DÉCORATIVES

Triptyque pour la salle des mariages de l'hôtel de ville de Tours.

Église de la Trinité : *Peintures de la chapelle de Saint-Joseph.*

Ministère de la Guerre : *La France armée présentant la Paix. — La Force protégeant le Droit.*

Orphée pleurant Euridyce.

Le Bon Samaritain.

Hôtel Païva : Décoration d'un salon : *les Quatre Parties du monde, signifiées aux murs par quatre figures symboliques,* et un plafond : *Flore répandant des fleurs.*

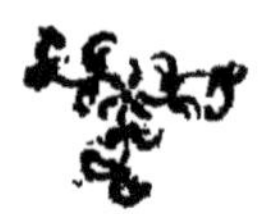

CATALOGUE

TABLEAUX

1 — *L'Amour et Psyché.*

2 — *Œdipe et Antigone sur le chemin de Thèbes.*

3 — *Les Barques ne rentrent pas.*

Appartient à M. ***.

4 — *Enlèvement de Déjanire.*

5 à 8 — *Nuits de Musset : Mai, Août, Octobre, Décembre.*

9 — *Sainte Thérèse.*

10 — *Judith.*

11 — *Départ des conscrits.*

12 — *Le Lac,* d'après Lamartine.

Appartient à M. ***.

13 — *Carton pour plafond* (Mairie de Bercy).

14 — *Tambour de village.*

15 — *Le Sommeil de l'Enfant Jésus.*

Appartient à M. ***.

16 — *Orientale.*

Appartient à M. ***.

17 — *Pêcheuses de Berck.*

Appartient à M. ***.

17 bis — *Lazaret.*

18 — *Orphée pleurant Eurydice.*
Appartient à Mme ***.

19 — *L'Histoire*, esquisse de la décoration de l'Hôtel de Ville.
Appartient à Mme ***.

20 — *Héro attendant Léandre*, projet de tableau.

21 — *Fleurs.*
Appartient à Mme ***.

22 — *Fleurs.*
Appartient à Mme ***.

23 — *Fleurs.*
Appartient à Mme ***.

24 — *Fleurs.*
Appartient à Mme ***.

25 — *Le Printemps.*
Appartient à M. ***.

PORTRAITS

26 — *Portrait de Mme J. T.*

27 — *Portrait de M. J. T.*

28 — *Portrait de Mme E. T.*

29 — *Portrait de A. T.*

30 — *Portrait de A. T.*

31 — *Partrait de M. A. T.*

32 — *Portrait de J. T.*

33 — *Portrait de M. E. T.*

34 — *Portrait de M. J. T.*

35 — *Portrait de M. E. T.*

36 — *Portrait de Mme G.*

37 — *Portrait du Dr L. M.*

38 — *Portrait du cardinal P.*

39 — *Portrait du contrôleur général V. R.*

39 bis — *Portrait de Mme R. T.*

40 — *Portrait de Mme D.*

41 — *Portrait de Mme L.*

42 — *Portrait de M. D.*

43 — *Portrait du Dr S.*

44 — *Portrait de Mlle M. B.*, pastel.

45 — *Portrait de Mme J. T.*, pastel.

46 — *Portrait de M. R. T.*, tête.

47 — *Portrait de M. R. T.*, en pied.

47 bis — *Portrait de Mme C.*, pastel.

ESQUISSES DE TABLEAUX

48 — *Saint Joseph* (chapelle de la Trinité).

49 — *Saint Joseph* (chapelle de la Trinité).

50 — *La France présentant la Paix* (Ministère de la Guerre).

51 — *Le Droit protégé par la Force* (Ministère de la Guerre).

52 — *Deux panneaux décoratifs* (Ministère de la Guerre).

53 — *Moïse exposé sur le Nil* (Musée du Luxembourg).

54 — *Origine des établissements hospitaliers de Berck-sur-Mer* (Assistance Publique).

55 — *Enlèvement de Déjanire.*

56 — *Plafond* de M. A. T.

57 — *Le Poète et la Source.*

58 — *Plafond* (Mairie de Bercy).

59 — *Saint Séverin distribuant les aumônes* (Musée de Caen).

60 — *Diogène regardant boire l'enfant.*

61 — *Saint Paul et saint Antoine* (Musée de Bourges).

62 — *Œdipe et Antigone.*

63 — *Conscrits de village.*

64 — *Virgile* (Sorbonne).

65 — *Judith.*

66 — *Judith.*

67 — *Judith.*

68 — *Vierge.*

69 — *Projet de tableau oriental.*

70 — *Les Nuits de Musset*, quatre panneaux.

71 — *Jeanne d'Arc.*

72 — *Jour et nuit.* (Deux tableaux).

73 — *Femmes de Berck pour les Barques.*

74 — *Femmes de Berck pour les Barques.*

75 — *Plafond.*

75 bis — *Esquisse pour portraits d'enfant.*

76 — *Déjanire.*

77 — *Étude pour les Nuits de Musset.*

78 — *Décoration du buffet de l'Opéra.*

79 — *Tête d'étude pour Psyché.*

79 bis — *Tête d'étude pour la République.*

80 — *Étude pour le portrait de cardinal.*

81 — *Étude pour le portrait de Mme P.*

82 — *Tête de Christ.*

83 — *Conseil municipal de village.*

84 — *Lévite d'Éphraïm* (Musée de Perpignan).

85 — *Rebecca à la fontaine* (Musée de Carcassonne).

86 — *La République.*

87 — *Saint Sébastien* (Musée de Carcassonne).

88 — *Judith apportant aux soldats la tête d'Holopherne* (Musée de Tours).

89 — *Épave du vaisseau le Vengeur* (Musée d'Arras).

90 — *Décoration de la Salle des mariages* (Hôtel de Ville de Tours).

91 — *Amour et Psyché.*

91 bis — *Étude de têtes.*

PAYSAGES ET FLEURS

Études

92 — *Village de Montigny.*

93 — *Douarnenez.*

94 — *Chaos de Villers.*

95 — *La Genevraye, saules.*

96 — *Sapins.*

97 — *Pyrénées.* Étude de montagnes.

98 — *Bord de la mer.*

99 — *Les Longs Rochers, forêt de Fontainebleau.*

100 — *Panneau de huit études diverses.*

101 — *Panneau de cinq études : Kairouan et Biskra.*

102 — *Panneau de six études diverses.*

103 — *Panneau de six études diverses.*

104 — *Femme de Berck dans un paysage.*

105 — *Mer par temps orageux.*

106 — *Les Longs Rochers à l'automne.*

107 — *Inondations à Montigny.*

108 — *Montigny-sur-Loing.*

109 — *Gorge dans les Pyrénées.*

110 — *Lac Majeur.*

111 — *Château d'If, vu du Frioul.*

112 — *Temple de la Concorde à Girgenti.*

113 — *La Vanne rouge à Montigny.*

114 — *Paysage pour le tableau de Virgile.*

115 — *Montigny-sur-Loing.*

116 — *Paysage pour le tableau de Virgile.*

117 — *Chemin sous bois.*

118 — *Montargis.*

119 — *Carcassonne.*

120 — *Ferrière.*

121 — *Vue de Mauléon.*

122 — *Vallée de Tardet, à Mauléon.*

123 — *Tamaris.*

124 — *Canal à Venise.*

125 — *Menaggio, vu de Bellagio.*

126 — *Florence.*

127 — *Chioggia.*

128 — *Venise.*

129 — *Venise.*

130 — *Kairouan.*

131 — *Tunis.*

132 — *Arcachon.*

133 — *Berck.* Étude de terrains.

134 — *Cap Ferret (Gironde).*

135 — *Cap Ferret (Gironde).*

136 — *Étude de terrains.*

137 — *Pont de Moret.*

138 — *Bords du Loing, coucher du soleil.*

139 — *Étude de terrain.*

140 — *Tamaris.*

141 — *Château d'If.*

142 — *Ruines à Montbazon.*

143 — *Sainte-Baume.*

144 — *Mouxy, environs d'Aix-les-Bains.*

145 — *Vue des hauteurs d'Aix-les-Bains.*

146 — *Chemin, près Tolède.*

147 — *Fiesole.*

148 — *Le Bourget.*

149 — *Dans la montagne.*

150 — *Bateau à Berck.*

151 — *Bateau à Berck.*

152 — *Montigny-sur-Loing.*

153 — *La Pêche à la ligne.*

154 — *Femme de Berck.*

155 — *Étude en plein air.*
156 — *Étude de tête.*
157 — *Gondole.*
158 — *Étude de neige (Pyrénées).*
159 — *Panneau de quatre études : Biskra et Tunis.*
160 — *Pécheuse de Berck.*
161 — *Kairouan.*
162 — *Biskra.*
163 — *Biskra.*
164 — *Biskra.*
165 — *Alger.*
166 — *Timgad.*
167 — *Tunis.*
168 — *Palerme.*
169 — *Palerme.*
170 — *Salies-de-Béarn.*
171 — *Saint-Jean-de-Maurienne.*
172 — *Chambotte, Aix-les-Bains.*
173 — *Longs Rochers.*
174 — *Vallée de Montigny.*
175 — *Pont de Grez.*
176 — *Carcassonne.*
177 — *Terrains (Pyrénées).*
178 — *Souvenir des grandes manœuvres.*
179 — *Tolède.*
180 — *Toulon.*
181 — *Temple de la Concorde, à Girgenti.*

182 — *Tolède, terrains.*

182 bis — *Pont de Tolède.*

183 — *Tolède.*

184 — *Gênes.*

185 — *Deux panoramas de Saint-Sébastien.*

186 — *Panorama de Rome.*

186 bis — *Ruines de Rome.*

187 — *Campagne de Rome.*

188 — *Campagne de Rome.*

188 bis — *Campagne de Rome.*

189 — *Bagnères-de-Bigorre, la nuit.*

190 — *Étude de montagne.*

191 — *Dunes à Villers.*

192 — *Dunes à Berck.*

193 — *Dunes à Berck.*

194 — *Pêcheuses dans les dunes.*

195 — *Étude de saules, Moret.*

196 — *Tunis, vue prise du balcon de l'hôtel.*

197 — *Christ aux ex-voto, Berck.*

198 — *Pêche à la torche, Arcachon.*

199 — *Étude de bœufs.*

200 — *Bœuf gris roux.*

201 — *Thermes de Pompéi.*

202 — *Ane.*

203 — *Ane*

204 — *Lion.*

205 — *Forêt de Fontainebleau.*

206 — *Vue de Montigny.*

207 — *Moisson.*

208 — *Pyrénées.*

209 — *Arcachon.*

210 — *Arcachon.*

211 — *Les Saules, Moret.*

212 — *Soleil couchant.*

213 — *Paysage.*

214 — *Étang de Moret.*

215 — *Fleurs, pivoines.*

216 — *Fleurs, zinias.*

217 — *Fleurs, pavots.*

218 — *Fleurs, roses.*

219 — *Glaïeuls et pavots.*

220 — *Lac du Bourget.*

221-228 — *Panneau de huit études diverses.*

DESSINS

229 — *Dessin pour le tableau la République.*

230 à 232 — *Dessins pour le tableau Départ des conscrits.*

233 à 236 — *Suite de dessins divers.*

237 — *Dessin pour le tableau Moïse exposé sur le Nil.*

238 — *Dessin pour le tableau Œdipe et Antigone.*

239 à 242 — *Suite de dessins divers.*

243 — *Dessin pour le tableau Moïse exposé sur le Nil.*

244 — *Pêcheuses de Berck.*

245 — *Pêcheuses de Berck.*

246 — *Dessin pour le tableau d'Orphée pleurant Eurydice.*

247 — *Dessin pour le tableau de Virgile.*

248 — *Portrait de Laloux.*

249-250 — *Dessins divers.*

251 — *Dessin pour le tableau Amour et Psyché.*

252 à 259 — *Suite de dessins divers.*

260 — *Dessin pour le plafond* (Mairie de Bercy).

261 à 263 — *Suite de dessins divers.*

264 — *Esquisse de plafond* (Mairie de Bercy).

265 — *Dessin pour le tableau du Lévite d'Éphraïm et têtes pour la chapelle Saint-Joseph.*

266 à 277 — *Suite de dessins divers.*

278 — *Dessin pour les Nuits de Musset.*

279 — *Dessin pour les Nuits de Musset.*

280 à 282 — *Suite de dessins divers.*

283 — *Dessin pour le tableau République.*

284 — *Dessin pour le tableau du Dante.*

285 — *Dessin pour le tableau les Barques ne rentrent pas.*

286 — *Dessin pour le tableau Établissement hospitalier de Berck-sur-Mer.*

287 — *Dessin pour le tableau de Jeanne d'Arc.*

288 — *Dessin.*

289 — *Dessin pour le tableau le Poète et la Source.*

292 à 302 — *Dessins pour un plafond* (Mairie de Bercy).

303-304 — *Dessins divers.*

305 — *Dessin pour le tableau de Diogène.*

306 — *Dessin pour la chapelle Saint-Joseph* (Trinité).

307 — *Dessin pour la chapelle Saint-Joseph* (Trinité).

308 — *Dessin pour le tableau de Jeanne d'Arc.*

309 — *Dessin pour le tableau le Poète et la Source.*

310 — *Dessin pour le tableau le Poète et la Source.*

311 — *Dessin pour le tableau le Poète et la Source.*

312 — *Dessin pour le tableau le Vengeur.*

313 — *Dessin pour le tableau de Saint-Sébastien.*

314 — *Dessin pour le tableau du Ministère de la Guerre.*

315 — *Étude pour un portrait.*

316-317 — *Suite de dessins divers.*

318 — *Pastel. (Détail pour le plafond de Bercy.)*

319 — *Amour maternel.* Étude pour l'Exposition de 1900.

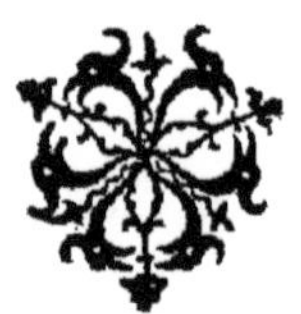

www.ingramcontent.com/pod-product-compliance
Ingram Content Group UK Ltd.
Pitfield, Milton Keynes, MK11 3LW, UK
UKHW020446220726
13923UKWH00005B/2363

9 782019 301132